Chitra

Ein Spiel in einem Aufzug

Rabindranath Tagore

(Translator: Elisabeth Wolff-Merck)

Alpha Editions

This edition published in 2022

ISBN : 9789356903074

Design and Setting By
Alpha Editions
www.alphaedis.com
Email - info@alphaedis.com

Contents

VORBEMERKUNG

Dieses lyrische Drama wurde vor ungefähr 25 Jahren geschrieben. Es setzt die Kenntnis der hier folgenden Fabel aus dem Mahabharata voraus:

Während der Wanderungen, die Arjuna in Erfüllung eines Bußgelübdes unternahm, kam er nach Manipur. Dort sah er Chitrāngadā, die schöne Tochter von Chitravāhana, dem König des Landes, und von ihrer Anmut überwältigt, bat er den König um ihre Hand. Chitravāhana fragte ihn nach seiner Herkunft. Auf die Antwort, er sei Arjuna der Pandara, erzählte der König ihm, daß einer seiner Ahnen, Prabhanjana vom königlichen Stamme von Manipur, lange kinderlos geblieben war. Um einen Erben zu erhalten, legte er sich strenge Bußübungen auf. Die Strenge seines Lebens fand Gnade vor Shiva, und der Gott gewährte ihm und jedem seiner Nachkommen e i n Kind.

Es geschah aber, daß das versprochene Kind stets ein Knabe war. Er, Chitravāhana, war der Erste, dem nur eine Tochter, Chitrāngadā, gewährt war, um das Geschlecht zu erhalten.

Er hatte sie deshalb stets wie einen Sohn gehalten und zu seinem Erben gemacht. —

Der König fährt in der Erzählung fort: »Der einzige Sohn, den sie gebären wird, muß der Erhalter meines Geschlechts sein, und diesen Sohn verlange ich als Kaufpreis für die Einwilligung in die Heirat. Wenn du willst, kannst du sie unter dieser Bedingung haben.« Arjuna gab das Versprechen, nahm Chitrāngadā zum Weibe und lebte mit ihr drei Jahre in ihres Vaters Hauptstadt. Als ihnen ein Sohn geboren wurde, umarmte er sie liebevoll, nahm Abschied von ihr und ihrem Vater und setzte seine Wanderung fort.

PERSONEN

Götter:

Madana (Eros).

Vasanta (Lycoris).

Sterbliche:

Chitra, Tochter des Königs von Manipur.

Arjuna, ein Prinz aus dem Hause der Kuru. Er ist aus der Kshatriya oder Kriegerkaste und lebt während der Handlung als Eremit einsam im Wald.

Dorfleute aus einer abgelegenen Gegend in Manipur.

ERSTE SZENE

IM TEMPEL

Chitra

Bist Du der Gott mit den fünf Pfeilen, der Gott der Liebe?

Madana

Ich war der Erstgeborene im Herzen des Schöpfers. Ich binde mit Fesseln des Schmerzes und erfülle mit Seligkeit das Leben der Menschen!

Chitra

Ich weiß, ich kenne jenen Schmerz und jene Fesseln! — Und wer bist Du, mein Herr?

Vasanta

Ich bin sein Freund — Vasanta — der König der Jahreszeiten. Tod und Alter würden die Welt bis ins Mark zerfressen, folgte ich ihnen nicht, um sie beständig zu bekämpfen. Ich bin die Ewige Jugend.

Chitra

Ich beuge mich vor Dir, Vasanta, mein Herr.

Madana

Doch welch strenges Gelübde bindet Dich, schöne Fremde? Warum läßt Du Deine frische Jugend welken in Buße und Demütigung? Solch Opfer ist dem Dienst der Liebe fremd. Wer bist Du, und was ist Dein Gebet?

Chitra

Ich bin Chitra, die Tochter aus dem königlichen Hause von Manipur. Shivas göttliche Gnade versprach meinem königlichen Ahnherrn eine ununterbrochene Reihe männlicher Nachkommen. Aber das Wort des Gottes vermochte nicht, den Lebensfunken in meiner Mutter Leib zu wandeln, so unbezwingbar war meine Natur, obschon ich ein Weib bin.

Madana

Ich weiß, darum erzieht Dich Dein Vater wie einen Sohn. Er hat Dich gelehrt mit dem Bogen umzugehen und Dich in allen Pflichten eines Königs unterwiesen.

Chitra

Ja, darum trage ich männliches Gewand und habe die Abgeschiedenheit des Frauengemaches verlassen. Ich weiß nichts von Frauenlist, die die Herzen gewinnt. Meine starken Hände können den Bogen spannen, aber ich habe die Kunst des Liebesgottes nicht erlernt; das Spiel der Augen ist mir fremd.

Madana

Das erlernt sich von selbst, Du Schöne. Die Augen brauchen darin nicht unterrichtet zu werden. Das weiß der am besten, der von ihnen ins Herz getroffen wurde.

Chitra

Auf der Suche nach Wild wanderte ich eines Tages einsam durch den Wald am Ufer des Purna-Flusses. Mein Roß band ich an einen Stamm und drang in's dichte Gestrüpp, der Spur eines Wildes folgend. Ich fand einen schmalen, gewundenen Pfad, der sich durch das Dämmer verschlungener Zweige schlang. Die Blätter erzitterten vom Grillengezirp. Plötzlich erspähte ich auf meinem Weg einen Mann, der auf einem Lager trockenen Laubes ruhte. Hochmütig befahl ich ihm, mir Platz zu machen, aber es kümmerte ihn nicht. Da stach ich ihn verächtlich mit der scharfen Spitze meines Pfeils. Er sprang auf, stark und ebenmäßig an Wuchs, gleich einer Flamme, die plötzlich aus einem Aschenhaufen züngelt. Ein belustigtes Lächeln zuckte um seine Mundwinkel, vielleicht ob meines knabenhaften Anblicks. Da — zum erstenmal in meinem Leben fühlte ich mich Weib und wußte, daß ein Mann vor mir stand.

Madana

In glückbegünstigter Stunde verkünde ich Mann und Weib die erhabene Lehre: Erkennet einander. — Was geschah dann?

Chitra

Voll Angst und Staunen fragte ich ihn: »Wer bist Du?« »Ich bin Arjuna«, sagte er, »aus dem großen Stamme der Kuru«. Ich stand wie versteinert und vergaß mich zu verneigen. War das wirklich Arjuna, der Abgott meiner Träume, der Einzige, Große! Schon lange kannte ich sein Gelöbnis, zwölf Jahre in Keuschheit zu leben. Mein junger Ehrgeiz hatte mich manchen Tag angestachelt, mit ihm eine Lanze zu brechen, ihn verkappt zum Zweikampf zu fordern und ihm meine Waffenkunst zu beweisen. Ach töricht Herz, wohin entfloh Dein Stolz? Könnt' ich meine Jugend mit ihren Sehnsüchten hingeben, um Staub zu sein unter Deinen Füßen, wahrlich eine köstliche Gnade dünkte mir das. Ich weiß nicht, in welchem Strudel der Empfindung ich mich verlor, als ich ihn plötzlich zwischen den Bäumen entschwinden sah! — Du töricht Weib, du grüßtest ihn nicht und sprachest kein Wort, noch batest du ihn um Verzeihung, sondern standest wie ein ungeschickter Tölpel, während er verächtlich hinwegschritt!... Am nächsten Morgen legte ich meine Männerkleidung ab und schmückte mich mit Armbändern, Fußringen, einer

Gürtelkette und einem Gewand aus purpurner Seide. Das ungewohnte Kleid schmiegte sich fest um meinen bebenden Leib; aber ich beschleunigte mein Suchen und fand Arjuna in Shiva's Waldtempel.

Madana

Vollende Deine Erzählung. Ich bin der herzgeborene Gott, und ich verstehe das Geheimnis dieser Triebe.

Chitra

Nur undeutlich vermag ich mich zu erinnern, was ich sagte, und was ich zur Antwort bekam. Heiß' mich nicht alles erzählen. Scham überwältigte mich wie ein Donnerschlag und konnte mich doch nicht zerschmettern, so durchaus hart bin ich, so männlich. Als ich heimwärts schritt, stachen mich seine letzten Worte wie glühende Nadeln ins Ohr: »Ich habe Keuschheit gelobt. Ich kann Dein Gemahl nicht sein!« O, um das Gelübde eines Mannes! Sicherlich weißt Du, o Gott der Liebe, daß zahllose Heilige und Weise den Preis ihrer lebenslangen Buße hingegeben haben um eines Weibes willen. Ich brach meinen Bogen entzwei und verbrannte meine Pfeile im Feuer. Ich haßte meinen starken, geschmeidigen Arm, gezeichnet vom Spannen des Bogens. O Liebe, Liebe, Du hast tief in den Staub gebeugt den nichtigen Stolz meiner männlichen Stärke, und all meine Manneszucht liegt zermalmt zu Deinen Füßen. Nun lehre mich Deine Gebote. Gib mir die Kraft der Schwachen und die Waffe der wehrlosen Hand.

Madana

Ich will Dein Freund sein. Ich will den weltenbezwingenden Arjuna vor Dein Angesicht bringen, ein Gefangener, der den Richtspruch seiner Empörung aus Deiner Hand empfangen soll.

Chitra

Stünde mir nur die Zeit zu Gebot, ich könnte allmählich sein Herz gewinnen und brauchte der Götter Hilfe nicht. Zur Seite würde ich ihm stehen als Gefährte, die wilden Rosse seines Kriegswagens lenken, die Freuden der Jagd mit ihm teilen. Zur Nacht hielt ich Wache am Eingang seines Zeltes und hülfe ihm, die großen Pflichten eines Kshatriya erfüllen, die Schwachen zu befreien und Recht zu sprechen, wo es not tut. Sicherlich käme der Tag, an dem er mich erblicken und verwundert fragen würde: »Wer ist dieser Knabe? Ist einer meiner Sklaven aus einem früheren Leben, meinen guten Taten gleich, mir gefolgt ins Diesseits?« Ich bin nicht das Weib, das seine Verzweiflung mit nächtlichen Tränen in einsamer Stille nährt, sie täglich hinter geduldigen Lächeln verbirgt, als Witwe geboren. Die Blüte meines Verlangens soll nicht in den Staub sinken, ehe sie zur Frucht gereift ist. Aber es ist die Arbeit eines Lebens, Verständnis zu finden und Ehre zu erlangen für sein eigenstes Ich. Darum bin ich an Deine Tür gekommen, Du, weltenüberwindende Liebe, und Du, Vasanta, jugendlicher Gott der Jahreszeiten, nimm von meinem jungen Körper die angeborene Ungerechtigkeit der Häßlichkeit. Für einen einzigen Tag mache mich wunderbar schön, so schön wie die mit einem Mal in meinem Herzen erblühte Liebe. Gib mir nur einen einzigen Tag makelloser Schönheit, und ich will einstehen für die Tage, die da kommen.

Madana

Prinzessin, Dein Gebet sei erhört!

Vasanta

Nicht nur für einen kurzen Tag, sondern für ein ganzes langes Jahr soll der Frühlingsblüten Lieblichkeit sich um Deine Glieder schmiegen.

ZWEITE SZENE

IM WALD

Arjuna

Träumte mir oder war Wirklichkeit, was ich am See sah? Im sinkenden Schatten des Abends saß ich auf moosigem Grund und dachte vergangener Jahre, als aus dem bergenden Dunkel der Blätter langsam eine Erscheinung trat in der vollkommenen Gestalt eines Weibes. Sie stand auf einem weißen, flachen Stein am Rande des Wassers. Es schien, als müsse das Herz der Erde sich weiten vor Freude unter ihren nackten weißen Füßen. Mir deuchte, die zarte Umhüllung ihres Körpers wollte sich in Verzückung auflösen in Luft, wie der goldene Frühnebel vom schneeigen Gipfel des östlichen Berges schmilzt. Sie beugte sich über den schimmernden Spiegel des Teiches und erblickte ihr Antlitz darin. Sie schrak zurück und stand still, dann lächelte sie, löste mit einer nachlässigen Bewegung des linken Arms ihr Haar, das bis zu ihren Füßen zur Erde niederglitt. Sie entblößte ihre Brust und betrachtete ihre makellos geformten Arme erfüllt von Zärtlichkeit für ihren Körper. Sie neigte den Kopf und sah ihre süße, blühende Jugend und das zarte Erröten ihrer flaumigen Haut. Sie strahlte in freudiger Überraschung. So würde die weiße Lotosblume den ganzen Tag über sich staunen, könnte sie des Morgens beim Erwachen, ihren Hals beugen und ihr Abbild im Wasser sehn. Aber einen Augenblick später wich das Lächeln von ihrem Antlitz, und ein Schatten von Trauer stieg in ihren Augen auf. Sie band ihre Haarflechten auf, zog den Schleier um ihre Schultern und schritt leise seufzend hinweg, wie ein schöner Abend, der in Nacht versinkt. Die erhabene Erfüllung aller Sehnsucht schien sich mir in einem Blitz geoffenbart zu haben und verlosch dann ... Aber wer bewegt die Türe?

(Chitra tritt ein, in Frauenkleidern.)

Ah! sie ist's! Stille mein Herz!...

Fürchte nichts, Herrin! Ich bin ein Kshatriya.

Chitra

Edler Herr, Du bist mein Gast. Ich wohne in diesem Tempel. Ich weiß nicht, wie ich Dir Gastfreundschaft erzeigen kann.

Arjuna

Schöne Frau, Dein Anblick allein ist die höchste Gastfreundschaft. Wenn Du mir's nicht verdenken willst, möchte ich Dich etwas fragen.

Chitra

Es sei Dir gewährt.

Arjuna

Welch strenges Gelübde hält Dich in diesen einsamen Tempelmauern gefangen und beraubt die Sterblichen Deines lieblichen Anblickes?

Chitra

Ich hege einen geheimen Wunsch in meinem Herzen, für dessen Erfüllung ich täglich Gebete zu Shiva sende.

Arjuna

Ach, was kannst Du verlangen, die Du das Verlangen der ganzen Welt bist? Von dem östlichen Hügel, auf dessen Gipfel die Morgensonne zuerst ihren feurigen Fuß setzt, bis ans Ende des Abendlands bin ich gewandert. Ich habe das Köstlichste, Schönste und Größte der Erde gesehen. Mein Wissen soll Dein sein, nur sage mir, was oder wen Du suchst.

Chitra

Ihn, den ich suche, ihn kennen alle.

Arjuna

Wer mag dieser Liebling der Götter sein, der Dein Herz gefangen nahm?

Chitra

Er ist der Größte aller Helden, ein Sproß des höchsten Herrscherhauses.

Arjuna

Herrin, opfere nicht diesen Schatz von Schönheit, der Dein ist, auf dem Altar eines falschen Ruhmes. Unwahres Gerücht verbreitet sich von Mund zu Mund, wie der Nebel im frühen Morgendämmer ehe die Sonne aufgeht. Sage mir, wer ist der erhabene Held aus höchstem königlichem Stamm?

Chitra

Einsiedler, der Ruhm andrer Männer erfüllt Dich mit Neid. Weißt Du nicht, daß der Ruhm des königlichen Hauses der Kuru über die ganze Welt verbreitet ist?

Arjuna

Das Haus der Kuru!

Chitra

Und hast Du nie den größten Namen dieses weitgerühmten Hauses gehört?

Arjuna

Laß ihn mich von Deinen eigenen Lippen hören.

Chitra

Arjuna, der Welteroberer. Ich habe diesen unsterblichen Namen von den Lippen der Menge abgelesen und ihn sorgfältig in meinem Herzen verborgen. Einsiedler, was blickst Du so verwirrt drein? Trägt dieser Name nur trügerischen Glanz? Sag es, und ich will nicht zögern, den Schrein meines Herzens aufzubrechen und den falschen Edelstein in den Staub zu werfen.

Arjuna

Ob auch sein Name und Ruhm, sein Mut und seine Tapferkeit wahr oder falsch sind, um des Mitleids willen verbanne ihn nicht aus Deinem Herzen, denn er kniet zu Deinen Füßen — in diesem Augenblick.

Chitra

Du, Arjuna!

Arjuna

Ja, der bin ich, ein vor Liebe verschmachteter Bettler an deiner Tür.

Chitra

So ist es nicht wahr, daß Arjuna das Gelübde zwölf Jahre langer Keuschheit getan hat?

Arjuna

Du hast meinen Schwur gelöst wie der Mond den nächtlichen Schwur der Dunkelheit.

Chitra

Scham über Dich! Was sahst du in mir, das Dich Deinem eigenen Ich untreu werden ließ? Wen suchst du in diesen dunklen Augen, in diesen milchweißen Armen, wenn Du sie mit dem Preis Deiner Ehre zu bezahlen bereit bist? Nicht mein wahres Selbst, das weiß ich. Wahrlich das kann nicht Liebe sein, nicht des Mannes tiefste Ehrfurcht vor dem Weib! Wehe, daß der Körper, diese zerbrechliche Hülle, uns blendet, das Licht der unsterblichen Seele zu schauen! Ja, Arjuna, nun weiß ich gewiß, falsch ist der Ruhm Deines Heldentums.

Arjuna

O, ich fühle wie eitel der Ruhm ist und der Stolz der Tapferkeit! Alles scheint Traum. Du allein bist vollkommen, Du bist der Reichtum der Welt, das Ende aller Armut, das Ziel alles Strebens, das Weib! Andere Frauen gibt's, langsam und schwer zu erkennen, aber Dich einen Augenblick lang zu sehn, heißt höchste Vollendung schauen, jetzt und in Ewigkeit.

Chitra

Ach nicht ich bin's, nicht ich, Arjuna! Es ist das Trugbild eines Gottes. Geh', geh' mein Held, geh'. Frei' nicht die Lüge, opfre dein großes Herz nicht einer Täuschung. Geh'.

DRITTE SZENE

IM TEMPEL

Chitra

Nein, unmöglich ist's den brennenden Blick der hungrigen Seele auszuhalten, der mit Händen dich umklammert, zu fühlen, wie das Herz sich müht, die Fesseln zu sprengen, und den wilden Schrei, der sich ihm entringen will — und den Liebenden dann hinweg zu senden wie einen Bettler! Unmöglich ist's!

(Madana und Vasanta treten auf.)

Ach, Gott der Liebe, welch furchtbares Feuer hast Du in mich gesenkt! Ich verbrenne, versenge, was ich berühre.

Madana

Ich wünsche zu wissen, was in vergangener Nacht geschah.

Chitra

Auf ein Lager von Gras, übersät mit Frühlingsblüten, legte ich mich am Abend nieder und gedachte des wunderbaren Lobgesangs meiner Schönheit, den ich von Arjuna gehört. Tropfen nach Tropfen trank ich den Honig, den ich am Tage gesammelt, Vergangenes und Zukünftiges war vergessen. Ich fühlte mich der Blume verwandt: ihr sind nur flüchtige Stunden vergönnt, dem summenden Schmeicheln, dem Flüstern und Murmeln der Wälder zu lauschen. Dann muß sie die Augen vom Himmel wenden, ihr Haupt beugen und ihren Atem aushauchen im Staub, klaglos den kurzen Traum eines vollkommenen Augenblicks beenden, der nicht Vergangenheit noch Zukunft kennt.

Vasanta

Ein grenzenloses Leben voller Ruhm kann blühen und sich erschöpfen an einem Morgen.

Madana

Wie Ewigkeits-Sinn im kleinsten Bruchteil eines Liedes sein kann.

Chitra

Die südliche Brise wiegte mich in Schlaf. Von dem blühenden Malati-Hain über mir tropften schweigend Küsse auf mich nieder. Jede Blume wählte sich ein Lager zum Sterben, in meinem Haar, auf meiner Brust oder meinen Füßen. Ich schlief. Und in der Tiefe meines Schlafes war mir plötzlich, als ob ein durchdringender, gieriger Blick meinen Körper berühre, wie der spitzige, stechende Finger der Flamme. Ich sprang auf und sah den Einsiedler vor mir stehen. Der Mond war westwärts gewandert und lugte durch die Blätter, um das Wunder zu sehen, das durch göttliche Kunst in zerbrechlicher Menschlichkeit erstanden war. Die Luft war schwer, duftgeschwängert, die Stille der Nacht klang vom Grillengezirp, regungslos lag das Spiegelbild der Bäume auf dem See. Und mit seinem Stab in der Hand stand der Einsiedler groß, aufrecht und schweigend wie ein Baum des Waldes. Mir war, da ich die Augen aufschlug, als sei ich abgeschieden von aller Wirklichkeit des Lebens, und es vollziehe sich an mir eine Wiedergeburt im Land der Träume. Scham fiel von mir und glitt wie ein gelöstes Gewand auf meine Füße nieder. Ich hörte seinen Schrei — »Geliebte, einzig Geliebte!« Und all' meine vergangenen, vergessenen Leben schmolzen zu einem und riefen ihm Antwort zu: »Nimm mich, nimm mich ganz zu eigen!« Und ich breitete meine Arme nach ihm aus. Der Mond sank hinter den Bäumen. Ein dunkler Vorhang bedeckte alles, Himmel und Erde, Zeit und Raum, Lust und Schmerz, Leben und Tod schmolzen in Eins in unsagbarer Verzückung.... Mit dem ersten Morgenstrahl, dem ersten Vogelzwitschern richtete ich mich auf und blieb, auf den linken Arm gestützt, sitzen. Der Einsiedler lag schlafend, ein unbekümmertes Lächeln krümmte sich um seine Lippen, wie der wachsende Mond am Morgen. Der Dämmerung rosiges Glühen fiel auf seine edle Stirn. Ich seufzte, stand auf und zog die breitblättrigen Lianen zusammen, um sein Gesicht vor der flutenden Sonne zu schützen. Ich schaute umher und sah die gleiche alte Erde. Ich erinnerte mich, was ich gewesen und rannte, rannte wie ein Reh, das seinen eigenen Schatten fürchtet, den Waldpfad entlang, den Stephali-Blumen bedeckten. Ich fand einen einsamen Winkel, setzte mich nieder, barg mein Gesicht in beiden Händen, um zu weinen und zu klagen. Doch meine Augen blieben tränenlos.

Madana

Weh über Dich, Tochter der Sterblichen! Ich stahl aus den göttlichen Speichern den duftenden Wein des Himmels, gab ihn, eine irdische Nacht gefüllt bis zum Rande, in Deine Hände, auf daß Du tränkest — und immer hör' ich noch diesen Schrei der Qual!

Chitra

(bitter)

Wer trank ihn? Des Lebens seltenste Erfüllung, erste Liebesumarmung bot man mir dar und entriß sie wieder meiner Sehnsucht? Diese erborgte Schönheit, die Falschheit, die mich umhüllt, sie werden von mir gleiten, wie Blüten im Wind entblättern, und die einzig sichtbare Erinnerung jener süßen Vereinigung mitnehmen, und voll Scham über seine Armut wird das Weib weinend sitzen — Tag und Nacht. Gott der Liebe, diese verfluchte äußere

Gestalt begleitet mich Tag und Nacht, wie ein Dämon, und beraubt mich allen Liebeslohnes — all der Küsse, nach denen ich verschmachte.

Madana

Ach, umsonst war Deine einzige Nacht! Die Barke der Erfüllung kam in Sicht, aber die Wellen ließen sie das Ufer nicht berühren.

Chitra

Der Himmel war meinem Griff ganz nahe und ich vergaß für Augenblicke, daß ich ihn noch nicht erreicht hatte. Aber als ich des Morgens aus meinem Traum erwachte, fand ich im eigenen Körper die Rivalin. Nun ward mir die verhaßte Pflicht, sie täglich zu schmücken, zum Geliebten zu schicken und zu sehen, wie er sie liebkoste. O Gott, nimm Dein Geschenk zurück!

Madana

Aber wie willst Du vor Deinen Geliebten treten, wenn ich es von Dir nehme? Ist es nicht grausam, den Becher von seinen Lippen zu reißen, nachdem er kaum einen Zug der Lust getan? Wie ärgerlich wirst Du ihm sein?

Chitra

Und doch wäre es besser so. Ich will ihm meine wahrhaftige Gestalt zu erkennen geben, eine edlere Tat, als in dieser Maske zu leben. Wenn er mich auch verstößt und verschmäht, wenn er mein Herz auch bricht — schweigend will ich's tragen.

Vasanta

Hör' meinen Rat. Wenn die blumenerfüllte Jahreszeit vergangen, kommt der Herbst und mit ihm der Triumphzug der Früchte. Die Zeit wird kommen, da die überreife Blume des Leibes sich vergehend neigt. Dann wird Arjuna die bleibende fruchtgewordene Wahrheit aus Dir voll Glück hinnehmen. O Kind, geh' zurück zu Deiner rasenden Feier.

VIERTE SZENE

IM WALD

Chitra

Warum beobachtest Du mich, mein Krieger?

Arjuna

Ich sehe zu, wie Du den kleinen Kranz windest. Anmut und Geschick, die Zwillingsbrüder, spielen tanzend auf Deinen Fingerspitzen. Ich sehe zu und denke.

Chitra

Was denkst Du, Herr?

Arjuna

Ich denke, daß Du mit der gleichen schwebenden Berührung und Süßigkeit die Tage meiner Verbannung in einen unsterblichen Kranz windest, um mich zu meiner Heimkehr damit zu krönen.

Chitra

Heimkehr! Diese Liebe ist nichts für ein Heim!

Arjuna

Nichts für ein Heim?

Chitra

Nein, sprich nie davon. Nimm mit in Dein Heim das Bleibende, Starke. Laß die kleine wilde Blume an ihrem Geburtsort, laß sie dort in Schönheit sterben, wenn der Tag sich neigt, mit all den welkenden Blumen und den modernden Blättern. Nimm sie nicht mit in die Halle Deines Palastes, um sie dort auf den steinernen Boden zu werfen, der kein Erbarmen für Welken und Vergehen kennt.

Arjuna

Sieht so unsere Liebe aus?

Chitra

Ja, so und nicht anders! Was soll das Klagen? Was sich für müßige Tage schickt, sollte sie nicht überdauern. Lust wandelt sich in Schmerz, wenn ihr die Tür verschlossen ist, aus der sie scheiden soll. Nimm meine Liebe hin und halte sie, so lange sie währen darf. Laß nicht des Abends satte Zufriedenheit mehr fordern, als das morgendliche Verlangen ernten kann ... Der Tag ist vorüber. Nimm dies Blumengewinde. Ich bin müde. Nimm mich in Deine Arme, Geliebter, und laß alles eitle unzufriedene Gezänk verstummen in der süßen Vereinigung unserer Lippen.

Arjuna

Still, horch, Geliebte, der Klang der Gebetsglocken aus dem fernen Dorftempel gleitet auf der Abendluft über die schweigenden Wipfel.

FÜNFTE SZENE

IM TEMPEL

Vasanta

Ich kann nicht Schritt mit Dir halten, mein Freund! Ich bin müde. Schwer ist die Pflicht, das Feuer in Glut zu halten, das Du entzündet hast. Schlaf überkommt mich, der Fächer entfällt meiner Hand, und kalte Asche bedeckt die Glut. Ich fahre wieder auf aus meinem Schlummer und rette die träge Flamme, soweit es in meiner Macht steht. Aber so kann es nicht weiter gehen.

Madana

Ich weiß, Du bist unbeständig wie ein Kind. Ewig ruhelos ist Dein Spiel im Himmel und auf Erden. Was Du in langen Tagen aufgebaut mit endloser Sorge für jeden Bruchteil, in einem Augenblick zerstörst Du es wieder, ohne Bedauern. Aber unsere Arbeit ist heut vollendet. Freudengeflügelte Tage fliehen flüchtig dahin, und das sich neigende Jahr vergeht mit berückendem Blühen.

SECHSTE SZENE

IM WALD

Arjuna

Ich erwachte am Morgen und fand meine Träume in einen Edelstein verschmolzen. Ich hatte keinen Schrein, ihn darin zu verschließen, keine Königskrone, in die ich den Stein hätte fassen können, keine Kette hatte ich, ihn daran zu hängen, und doch brachte ich's nicht übers Herz, ihn wegzuweisen. So halte ich ihn, und mein Arm, der Arm eines Kshatriya, vergißt über müßigem Tun seine Pflicht.

(Chitra tritt ein.)

Chitra

Sage mir Deine Gedanken, Herr!

Arjuna

Meine Gedanken sind heute auf die Jagd gerichtet. Sieh, wie der Regen in Strömen herniederstürzt und wild gegen den Berghang schlägt. Dunkle Wolkenschatten hängen schwer über dem Wald, und gleich der sorglosen Jugend überspringt der geschwollene Strom mit spöttischem Lachen alle Schranken. Stets gingen wir fünf Brüder an solchen Regentagen in den Wald von Chitraka, wilde Tiere zu jagen. Das waren schöne Zeiten. Unsre Herzen tanzten zum Trommelwirbel der grollenden Wolken. Der Wald hallte wider von den Schreien der Pfauen. Durch das Klatschen des Regens und das Rauschen des Wasserfalles konnte das ängstliche Wild unsre Schritte nicht hören. Die Leoparden ließen ihre Spuren in der nassen Erde zurück und verrieten so ihr Lager. War die Jagd vorüber, so forderten wir uns auf dem Heimweg gegenseitig heraus, reißende Ströme zu durchschwimmen. Ein ruheloser Geist wohnt in mir, ich habe Sehnsucht nach der Jagd.

Chitra

Erst erlege das Wild, das Du jetzt verfolgst. Bist Du gewiß, daß das verzauberte Tier, das Du jagst, unbedingt gefangen werden muß? Nein, noch nicht. Wie ein Traum entgleitet Dir das wilde Geschöpf, wenn es Dir am nächsten scheint. Sieh, wie der rasende Regen den Wind jagt und tausend Pfeile hinter ihm her sendet. Und doch bleibt der Wind frei und unbesiegt. So ist auch unser Waidwerk, Geliebter! Du jagst nach der schnellschreitenden Schönheit und versendest all Deine Pfeile nach ihr, und doch flieht dies zaubrische Wild stets frei und unberührt davon.

Arjuna

Hast Du kein Heim, Geliebte, wo liebende Herzen Deiner Rückkehr harren? Ein Heim, dem Du durch sanftes Dienen Lieblichkeit verliehst, und dessen Licht erlosch, als Du es für diese Wildnis verließest?

Chitra

Was fragst Du? Sind die Stunden der Lust vorbei, in denen es kein Denken gab? Weißt Du nicht, daß ich nur die bin, die Du vor Dir siehst? Mein Blick geht nicht über das Jetzt hinaus. Der Tau auf den Blättern der Kinsuka-Blüte hat weder Namen noch Schicksal, und gewährt keiner Frage Antwort. Sie, die Du liebst, gleicht jener vollkommenen Tauperle.

Arjuna

Verbindet sie kein Band mit der Welt? Ist sie nur ein Stück Himmel, das ein lustspendender Gott unachtsam zur Erde fallen ließ?

Chitra

Ja.

Arjuna

Ach, darum ist mir immer, als müßte ich Dich verlieren. Mein Herz ist unbefriedigt, meine Gedanken friedlos. Komm näher zu mir, Unerreichbare! Ergib Dich und dulde die Fesseln, die da heißen: Name, Heim, Sippe. Laß mein Herz Dich ganz umschließen, und mit Dir leben in der ruhigen Sicherheit der Liebe.

Chitra

Warum mühst Du Dich vergebens, die Farben der Wolken, den Tanz der Wellen, den Duft der Blumen zu haschen und zu halten?

Arjuna

Herrin mein, glaube nicht, daß Du mit Luftgebilden die Liebe befriedigen kannst. Gib mir etwas, woran ich Halt finde, etwas, das die Lust überdauert, das sich im Leid bewährt.

Chitra

Mein Held, noch ist das Jahr nicht zu Ende, und schon bist Du müde! Ja, nun erkenne ich die himmlische Güte, die den Blumen ein kurzes Leben gab. Wäre ich mit den Blumen des letzten Frühlings verwelkt und gestorben, ich wäre mit Ehren dahingegangen. Doch meine Tage sind gezählt, Geliebter. Schone mich nicht, saug allen Honig aus mir, da Du voller Angst bist, daß Dein armes Herz wieder und wieder zurückkommt voll unerfüllter Wünsche und Begierden, gleich der durstigen Biene, wenn die Sommerblumen welk im Staub liegen.

SIEBENTE SZENE

IM TEMPEL

Madana

Heute ist Deine letzte Nacht.

Vasanta

Des Frühlings unerschöpfliche Schatzkammer wird morgen die Lieblichkeit Deines Körpers zurücknehmen. Die rosige Farbe Deiner Lippen wird in einem Asoka-Blütenpaar neu aufblühen, frei von der Erinnerung an Arjunas Küsse. In hundert duftenden Jasmin-Blumen wird der matte, weiße Glanz Deiner Haut auferstehen.

Chitra

O Götter, erhört mein Gebet! Laßt meine Schönheit in der letzten Stunde dieser Nacht am hellsten erstrahlen, wie das letzte Aufleuchten einer sterbenden Flamme.

Madana

Dein Wunsch sei Dir gewährt.

ACHTE SZENE

IM WALD

Die Dorfleute

Wer wird uns nun beschützen?

Arjuna

Was soll's, welche Gefahr droht Euch?

Die Dorfleute

Die Räuber kommen in Scharen aus den nördlichen Bergen, wie die Flut des Gebirgsstromes, die unser Dorf verheert.

Arjuna

Habt ihr keine Wächter in Eurem Königreich?

Die Dorfleute

Chitra, die Königstochter, war der Schrecken aller Bösen. Als sie noch in diesem glücklichen Lande weilte, kannten wir keine Furcht außer einer: sterben zu müssen. Nun ist Chitra auf einer Pilgerfahrt, und niemand kennt ihren Aufenthalt.

Arjuna

Ist der Hüter dieses Landes ein Weib?

Die Dorfleute

Ja, sie ist uns Vater und Mutter zugleich.

(Die Dorfleute entfernen sich. Chitra tritt ein.)

Chitra

Warum sitzest Du hier so einsam?

Arjuna

Ich versuche mir vorzustellen, was für eine Frau die Prinzessin Chitra sein mag. Viele Menschen erzählen viele Geschichten von ihr.

Chitra

Ach, sie ist nicht schön, sie hat nicht meine schönen Augen, die dunkel sind wie der Tod. Mit ihrem Geschoß kann sie jede Scheibe durchbohren, nur nicht das Herz unsres Helden.

Arjuna

Sie sagen, an Tapferkeit sei sie ein Mann, und ein Weib an Zärtlichkeit.

Chitra

Und das gerade ist ihr größtes Unglück. Das Weib, das nur Weib ist, das mit seinem Lächeln, mit seinen Seufzern, und mit zarten Liebkosungen die Herzen der Männer einspinnt, ist allein glücklich. Was frommt ihr Weisheit und große Taten? Hättest Du die Prinzessin nur gestern sehen können, im Hof von Shivas Tempel, der am Waldpfad liegt, Du wärest vorübergegangen ohne sie eines Blickes zu würdigen. Bist Du denn weiblicher Schönheit so überdrüssig, daß Du in ihr männliche Kraft suchst?

Aus grünen Blättern, feucht vom sprühenden Gischt des Wasserfalls, habe ich unser Bett zur Mittagsrast bereitet, in nachtdunkler Grotte. Die Kühle des weichen grünen Mooses, das dicht den tropfenden Stein bedeckt, küßt dort Deine Augen in Schlaf. Laß Dich dorthin geleiten.

Arjuna

Nein, heute nicht, Geliebte.

Chitra

Warum nicht heute?

Arjuna

Ich habe von einer Räuberhorde gehört, die in die Ebene gekommen ist. Ich muß gehen meine Waffen bereiten, um die erschreckten Dorfleute zu beschützen.

Chitra

Du brauchst Dich nicht um sie zu sorgen. Prinzessin Chitra hat starke Wächter an den Grenzpässen aufgestellt, ehe sie ihre Pilgerfahrt begann.

Arjuna

Nur für kurze Zeit laß mich das Kriegshandwerk eines Kshatriya üben. Mit neuem Ruhm will ich diesen müßigen Arm bedecken, damit er Deinem Haupt ein würdigeres Kissen sei.

Chitra

Doch, wenn ich mich weigere Dich gehen zu lassen, wenn meine Arme Dich umwunden halten? Würdest Du Dich roh von mir losreißen und mich verlassen? So geh! Aber wisse, daß die Liane — einmal entzweigebrochen — nie wieder zu einem Ganzen wird. Geh, wenn Dein Durst gestillt ist. Doch wenn nicht, denke daran, wie unbeständig die Göttin der Lust ist und daß sie nicht wartet auf den Menschen. Bleib noch eine Weile, Herr! Sage mir die unruhigen Gedanken, die Dich quälen. Wer nahm heute Deine Seele gefangen? War es Chitra?

Arjuna

Ja, es ist Chitra. Mich nimmt wunder, um welches Gelübdes willen sie auf die Pilgerfahrt gegangen ist. Was mangelt ihr?

Chitra

Was ihr mangelt? Ja, hat sie denn je etwas besessen, die Unglückliche? Es sind ja ihre eigensten Fähigkeiten, die sie mit Gefängnismauern umschließen und ihr Frauenherz in einer kahlen Zelle gefangen halten. Verdunkelt ist diese Frau und unerfüllt. Ihre Weibesliebe muß sich mit einem Lumpenkleide bescheiden, denn Schönheit blieb ihr versagt. Sie gleicht dem Geist eines freudlosen Morgens. Sie sitzt auf steinigem Berggipfel und dunkle Wolken haben ihr Licht ausgelöscht. Frag mich nicht nach ihrem Leben. Seine Geschichte klingt dem Ohr des Mannes nicht lieblich.

Arjuna

Ich brenne danach, alles von ihr zu hören. Ich bin wie ein Wanderer, der um Mitternacht an eine fremde Stadt kommt. Kuppeln, Türme und Gartenbäume sehen verschwommen und schattenhaft aus, und durch die Stille des Schlafes tönt hin und wieder das dumpfe Klagen des Meeres. Und er harrt sehnsüchtig auf den Morgen, der ihm alle die fremden Wunder offenbaren soll. O, erzähle mir ihre Geschichte.

Chitra

Was ist da mehr zu erzählen?

Arjuna

Meine Einbildung zaubert mir sie vor, wie sie auf weißem Rosse reitet, in der Linken die Zügel haltend und in der rechten Hand den Bogen, gleich der Liebesgöttin, die frohe Hoffnung spendet. Mit wilder Liebe schützt sie ihre säugenden Jungen wie eine wachsame Löwin. Auch des Weibes Arme, die nichts anderes als ungefesselte Kraft schmückt, sind schön! Mein Herz ist ruhelos, Du Liebliche, wie eine Schlange, die aus langem Winterschlaf erwacht. Komm, laß uns miteinander auf schnellen Rossen dahineilen, Seite an Seite, wie Zwillingsgestirne, die leuchtend den Raum durchmessen. Heraus aus diesem dunklen, grünen, einschläfernden Gefängnis, komm hervor unter der feuchten, duftenden, berauschenden Decke, die den Atem benimmt!

Chitra

Arjuna, sag mir die Wahrheit: wenn ich mich jetzt plötzlich durch einen Zauber dieser wollüstigen Weichheit entledigen könnte, diesen zarten Schmelz der Schönheit abstreifte, der vor der derben, gesunden Berührung der Welt schaudert, und das alles von meinem Körper herunterrisse wie geborgtes Gewand — könntest Du das ertragen? Wenn ich mich aufrichte, grade und stark, mit der Kraft eines mutigen Herzens, und die Listen und Künste der kriechenden Schwachheit verächtlich von mir weise, wenn ich mein Haupt erhebe, wie die hohe, junge Bergtanne, und mich nicht länger im Staub winde, wie die Liane, — werde ich dann Gnade finden vor den Augen des Mannes? Nein, nein, Du könntest es nicht ertragen. Es ist besser, ich verstreue um mich all die zierlichen Spielereien flüchtiger Jugend und warte auf Dich in Geduld. Ist's Dir gefällig zurückzukehren, so will ich Dir lächelnd aus dem Becher dieses schönen Leibes den Wein der Lust schenken. Hast Du genug davon und bist Du müde, so will ich mich demütig und dankbar in den Winkel zurückziehen, den man mir gelassen hat. Wie gefiele es Deiner Heldenseele, hoffte die Gespielin der Nacht Deine Gefährtin am Tage zu sein? Wie, wenn der linke Arm die Last des stolzen rechten mit zu tragen lernte?

Arjuna

Ich werde Dich niemals richtig erkennen. Eine Göttin, verborgen in einem goldenen Heiligenbild scheinst Du mir. Ich kann Dich nicht berühren, ich kann Dir Deine unschätzbaren Gaben nicht vergelten. Und so bleibt meine Liebe unvollkommen. Aus der rätselhaften Tiefe Deiner traurigen Augen, aus Deinen spielerischen Worten, die ihre eigene Bedeutung verspotten, erhasche ich manchmal den Schimmer eines Wesens, das die schmachtende Anmut seines Körpers vernichten möchte. In der reinen Flamme des Leides, verborgen hinter des Lächelns zartem Schleier, sehnt es sich wieder zu erstehen. Ein Trugbild, erscheint uns die Wahrheit zuerst, in einer Verkleidung tritt sie vor den Geliebten hin. Aber es kommt eine Zeit, da sie Schleier und Schmuck abwirft und dasteht, bekleidet mit nackter Hoheit. Ich verzehre mich nach diesem letzten Du, nach jener einfachsten, wahrsten Klarheit. Was bedeuten die Tränen, mein Lieb? Warum verbirgst Du Dein Gesicht in den Händen? Hab ich Dir weh getan, mein Liebling? Vergiß, was ich sagte. Ich will mit der Gegenwart zufrieden sein. Wie der Vogel Geheimnis aus unsichtbarem, dunkelm Nest zu mir kommt, musikerfüllte Botschaft bringend, so komm Du zu mir und laß mich jeden Augenblick der Schönheit erleben. Laß mich und meine Hoffnung ewig am Ufer der Erfüllung sitzen und so meine Tage beschließen.

NEUNTE SZENE

IM WALD

Chitra

(in einen Mantel gehüllt.)

Mein Herr, hast Du den Becher bis zur Neige geleert? Ist dies wirklich das Ende? Nein, wenn alles getan, so bleibt doch noch Eins, mein letztes Opfer, das ich zu Deinen Füßen darbringe. Aus dem himmlischen Garten brachte ich Blumen von unvergleichlicher Schönheit, Dich zu ehren, Gott meines Herzens.

Ich will die Blumen aus dem Tempel hinauswerfen, wenn sie verwelkt sind und die heilige Handlung vorüber.

(Sie nimmt ihren Mantel ab und trägt Männerkleidung wie am Anfang.)

Nun laß Deinen Knecht Gnade finden vor Deinen Augen.

Ich bin nicht schön und vollkommen wie die Blumen, mit denen ich Dich ehrte. Ich bin voller Schuld und Fehler. Auf der großen Heerstraße der Welt bin ich ein Wanderer, meine Kleider sind beschmutzt, und Dornen haben meine Füße blutig gerissen. Wie könnte ich schön sein wie die Blumen, voll unbefleckter Lieblichkeit, für die kurze Dauer eines Augenblicks? Die Gabe, die ich Dir voll Stolz darbringe, ist das Herz eines Weibes. Darinnen ist eingeschlossen aller Schmerz und alle Lust, alle Hoffnung, alle Furcht, alle Scham einer Erdentochter.

Hier ist der Uranfang der Liebe, von hier aus ringt sie nach Unsterblichkeit. Im Herzen des Weibes liegt eine große und erhabene Unvollkommenheit. Nun, da die Anbetung der Schönheit vorüber, nimm diesen

(auf sich zeigend)

als Deinen Knecht für kommende Tage.

Ich bin Chitra, die Königstochter. Vielleicht erinnerst Du Dich des Tages, als in Shivas Tempel ein Weib zu Dir trat, behangen mit Putz und Schmuck. Die Schamlose kam und warb um Dich wie ein Mann. Du stießest sie zurück, und Du tatest wohl daran. Herr, jenes Weib — bin ich. Sie diente mir als Maske. Damals verlieh mir die göttliche Gnade für ein Jahr die strahlendste Gestalt, die je einem Sterblichen wurde. Mit der Last jenes Betruges beschwerte ich meines Helden Herz. Dies Weib kann ich nicht sein.

Ich bin Chitra. Keine Göttin bin ich, die man anbetet, aber auch nicht ein Gegenstand allgemeinen Mitleids, den man achtlos abschüttelt wie ein Insekt. Wenn Du mich würdig findest, Dir zur Seite zu stehen, wenn ich die großen

Pflichten Deines Lebens teilen darf — dann wirst Du mein wahres Wesen erkennen. Wenn Dein Kind, das ich in meinem Schoß nähre, ein Sohn sein wird, will ich es lehren, ein zweiter Arjuna zu werden. Wenn die Zeit kommt, werde ich ihn zu Dir senden, und Du wirst endlich mein eigenstes Ich erkennen. Heute kann ich Dir nur Chitra darbringen, die Tochter eines Königs.

Arjuna

Geliebte, mein Leben ist vollkommen erfüllt.

ENDE

ANMERKUNGEN

Zu Seite:

5: *Pandava* (so für Pandara zu lesen). Das Königsgeschlecht, von dem das Mahābhārata handelt, stammt von *Kuru* ab; ein Zweig derselben sind die Pāṇḍavas, fünf Brüder (S. 50), zu denen der Held Arjuna gehört. Dieser stammt also auch aus dem Hause der Kurus. (S. 9).

35: *Malati-Hain.* Mālati ist der großblütige Jasmin.

38: *Stephali-Blüten*; lies *Sh*ephali. Śephālikā ist der Strauch vitex negundo, dessen Blüten in Vasavadatta Abt. IV mit Zinnoberkügelchen verglichen werden.

53: *Kinsuka-Blüte.* Der Kiṃśuka, Butea frondosa, ist ein stattlicher Baum, dessen Zweige im Frühjahr mit großen scharlachroten Schmetterlingsblüten bedeckt sind. Die schöne Blüte ist aber geruchlos.

56: *Asoka-Blüten.* Der Aśokabaum, Jonesia Asoka, hat rote Blüten. Er spielt in der indischen Dichtung eine große Rolle. Aśoka bedeutet »Kummerlos.«

Tagore's Dichtung entspricht nicht dem Sinn der Sage. Er sagt S. 6 von Chitrā's Vater: »er hatte sie deshalb stets wie einen Sohn gehalten und zu seinem Erben gemacht«. Der Text in Protap Chandra Roys Übersetzung lautet: I have duly made her a *Putrikā. putrikā* ist ein juristischer Ausdruck und bezeichnet eine Tochter, die mangels eines Sohnes (*putra*) die Familie ihres Vaters, nicht ihres Gatten fortpflanzen soll. Für letzteren bedeutet also die Eingehung einer solchen Ehe den Verzicht auf die Fortpflanzung seiner Familie. Tagore hat dies offenbar nicht gewußt und macht daher aus *putrikā* eine Tochter, die als Sohn (*putra*) erzogen wird! Das Epos kennt eine Sage, wo eine Prinzessin für einen Prinz ausgegeben und als solcher erzogen wird (die Geschichte von *Śikhandin*). Diese Reminiszenz mag sich bei dem Dichter mit dem Sagenstoff, auf den er in der Vorrede hinweist, verschmolzen haben.

Für die Anmerkungen ist die Übersetzerin dem Sanskritisten der Bonner Universität, Herrn Geheimrat Prof. Dr. Jacobi, zu Dank verpflichtet.